Jerusalem

Gesehen, empfunden,
fotografiert von Harry Weber

HOLZHAUSEN

Für meine Mutter

JERUSALEM

Gesehen, empfunden,
fotografiert von Harry Weber

Verlag Holzhausen · Wien 1998

Die Deutsche Bibliothek - CIP-Einheitsaufnahme
Jerusalem : gesehen, empfunden, fotografiert von Harry Weber ;
[erschienen anläßlich der gleichnamigen, vom Historischen Museum
und der Kulturabteilung der Stadt Wien in der Volkshalle
des Wiener Rathauses präsentierten Ausstellung]. - Wien : Holzhausen, 1998
ISBN 3-900518-85-8 (Buchhandelsausg.) Gb.
ISBN 3-900518-85-8 (Museumsausg.) brosch.

Verlag Holzhausen

Wien 1998
Plan: Shlomo Cohen, Verlag Steimatzky
Printed in Austria
ISBN 3-900518-85-8

Aus dem Inhalt

HEBRÄISCHE UNIVERSITÄT
AUGUSTA VIKTORIA HOSPITAL
MORMONENUNIVERSITÄT
LÖWENTOR
ÖSTERREICHISCHES HOSPIZ
DAMASKUSTOR
HAGAI
VERONIKAKIRCHE
DOM POLSKI HOSPIZ
VIA DOLOROSA
JOHANNITER HOSPIZ
GRABESKIRCHE
GRIECHISCH-ORTHODOXES PATRIARCHAT
CHRISTLICHES VIERTEL
HEZEKIAH-ZISTERNE
ST. FRANCIS
CASA NOVA
OMAR IBN KHATAB-PLATZ
FREMDENVERKEHRSBÜRO
JAFFATOR
NEUTOR
JAFFA

CONTINENTAL HOTEL
KIRCHE DER HL. MARIA MAGDALENA
AGONIEBASILIKA
STRASSE NACH JERICHO
SILWAN (SILOAM)
FELSENDOM
EL AKSA-MOSCHEE
AUSGRABUNGEN
KLAGEMAUER (WESTMAUER)
ROBINSONBOGEN
DUNGTOR
BATEI MACHASEH-PLATZ
CARDO
PARKPLATZ
MUSEUM DES ALTEN YISHUV
CHABAD
MA'ALEH HASHALOM
ARMENISCHES VIERTEL
ARMENISCH-ORTHODOXES KLOSTER
ZITADELLE (DAVIDSTURM)
CHATIVAT ETZIONI

טדי קולק
تيدي كوليك
Teddy Kollek

Jerusalem, Israels uralte Hauptstadt und Wiege der drei großen monotheistischen Religionen, nimmt in den Herzen unzähliger Menschen auf der ganzen Welt einen besonderen Platz ein.

Ich hatte das Privileg, 28 Jahre lang der Bürgermeister dieser Stadt zu sein, die in ihrer Schönheit einzigartig ist und auf eine 5000jährige Geschichte zurückblicken kann, wie man es in den ägyptischen Hieroglyphen nachlesen kann. Jerusalem ist eine Stadt der Kontraste - Vergangenheit und Gegenwart, althergebrachte Traditionen und modernes Leben, Menschen verschiedenster Religionen, ethnischer Gruppen und Volkszugehörigkeit leben hier nebeneinander und miteinander. Das macht Jerusalem zu einer faszinierenden Stadt, von der, trotz aller bestehenden Schwierigkeiten, die Hoffnung für den wahren Frieden ausgeht. So habe ich mich vorher als Bürgermeister und heute als internationaler Vorsitzender der Jerusalem Foundation stets bemüht, allen Bürgern Jerusalems eine Stadt zu vermachen, in der Toleranz und gegenseitiger Respekt vorherrschen. Alle sollen hier ihren spezifischen Charakter bewahren können und je nach Tradition und ihren Bräuchen friedlich nebeneinander leben.

Wer die Stadt kennt, dessen Erinnerungen werden mit diesem Buch wachgerufen. Und wer noch nicht in Jerusalem war, wird bei Anblick der markanten Photos von Harry Weber den Wunsch empfinden, diese einzigartige Stadt bald besuchen zu wollen.

Teddy Kollek

Teddy Kollek — Jerusalem, März 1998

11 Rivka Street POB 10185
Jerusalem Israel, 91101
Tel: 972-2-6751703/4
Fax: 972-2-6722385

شارع ريفكه ١١ ص.ب.١٠١٨٥
أورشليم القدس ٩١١٠١
تلفون ٦٧٥١٧٠٣/٤-٠٢
فكسيميليا :٦٧٢٢٣٨٥-٠٢

רח' רבקה 11 ת"ד 10185
ירושלים 91101
טל: 02-6751703/4
פקס: 02-6722385

E-Mail: teddy@netmedia.net.il :דאר אלקטרוני

Vorwort

„Die Jebusiter aber sagten zu David: Du kommst hier nicht herein. ... Dennoch eroberte David die Burg Zion; sie wurde die Stadt Davids. ... Und David begann ringsum zu bauen, und zwar von Millo an bis zur Burg.

Mit diesem Bericht aus dem zweiten Buch Samuel beginnt die erregende Geschichte jener Stadt Yerushalayim, Al Quds, Jerusalem, die Harry Weber in einem nicht enden wollenden Versuch, sie ganz zu sehen, seit fünfzig Jahren fotografiert. In seiner leidenschaftlichen Hinwendung zu dieser Stadt: ,,Für mich geht in Jerusalem die Sonne nicht im Osten auf, sondern in meinem Herzen" sind es deren Bewohner, Einwohner, Besucher und Freunde, die er sieht und porträtiert, sind es nicht die Sehenswürdigkeiten, nicht die Bauwerke, Denkmäler und Erinnerungsstätten, die ihm der ,,Topos Jerusalem" sind.

Selbstverständlich weiß Harry Weber, daß Jerusalem die Stadt Davids, Salomons und Hesekiahs, Herodes des Großen und der Makkabäer, die Stadt Jesajas und Jeremias, die Stadt Jesu, die Stadt Konstantin des Großen, Gottfrieds von Bouillon, des Staufers Friedrich II., die Stadt Saladins und Suleymans des Prächtigen, die Mandatsstadt Großbritanniens, die Hauptstadt Israels seit 1948 ist.

Vor allem aber weiß Harry Weber, daß Jerusalem die Heilige Stadt der Juden, der Christen und der Muslime ist, Heilige Stadt und heilige Stätte der drei großen monotheistischen Religionen der Welt also. Bekennende und Nicht-Bekennende dieser Religionen trifft er in dieser Stadt, spürt sie auf, konterfeit sie, hält sie in entscheidenden Augenblicken fest und sieht und empfindet so sein Jerusalem, von dem Teddy Kollek überzeugt ist, daß es in den Herzen unzähliger Menschen auf der ganzen Welt einen besonderen Platz einnimmt.

Hofrat Dr. Günter Düriegl
Direktor der Museen der Stadt Wien

Dank

Andere hätten unsere Ausstellung zeigen sollen. Das Historische Museum übernahm es gerne, gemeinsam mit der Kulturabteilung der Stadt Wien diese Schau einzurichten, da die Gründung Israels sich zum 50. Mal jährt. Dank dafür, daß dieses möglich wurde, sage ich gerne Herrn Senatsrat Dr. Bernhard Denscher und Herrn Oberamtsrat Wolf Rüdiger Philipp von der Kulturabteilung der Stadt Wien.

Mit viel Einfühlungsvermögen gab Herr Markus Pölzl der Schau ihre grafische Gestalt, Frau Margit Münster leistete unverzichtbare Arbeit, beiden und allen jenen, die Harry Weber sonst noch zur Seite standen, danke ich sehr.

Besonders zu danken habe ich aber Herrn Museumsrat Dr. Peter Eppel, meinem Kollegen und Mitarbeiter im Museum: Wieder einmal verstand er es, aus dem betont eigenen Wollen Harry Webers mit großer Kenntnis, ernstem Wissen, vor allem aber mit unübertroffen sensibler Geduld und großer Kraft eine Ausstellung zu machen.

Jedoch, all dies lohnte für: Jerusalem. Gesehen, empfunden, fotografiert von Harry Weber.

Günter Düriegl

Ausstellungs- und Katalogkonzept
Harry Weber

Titelentwurf
Margit Münster

Ausstellungsorganisation und Textredaktion
Dr. Peter Eppel

Präsentationskonzept und Ausstellungsgestaltung
Markus Pölzl

Kataloggrafik
Robert Kaitan

Fotografische Ausarbeitung
Fachlabor Fayer Fotostudio

Übersetzungen
Dr. Karl-Erwin Lichtenecker
Susanne Knaul

Grafische Plakat- und Foldergestaltung
Markus Pölzl

Ausstellungsaufbau
TOP-Messestanbau und Servicetechnik GmbH
Fa. Koch, 1070 Wien

Werkstätten des Historischen Museums
Günter Fröhlich, Andreas Faigel, Robert Filip, Matthias Hallas,
Herbert Hawel, Christian Hobek, Gerhard Schmolka

Studiensaal
Josef Gruberbauer, Helmut Mayer, Christian Nissel

Kanzlei
Monika Sostek, Regina Janek, Alexander Pazdernik, Sabine Peischl,
Alexandra Redl, Renate Simanek

Verwaltung
AR Franz Novak, Susanne Floth, Claudia Österreicher,
Angela-Jacquline Rakuscha, Helmut Selzer, Franz Sogeder

Amtsgehilfen
Franz Poll

Lucian O. Meysels

Am Anfang stand das Wort

Harry Weber, Meister der scharfen Linse, würde diesem Satz aus der Bibel nur mit Vorbehalt zustimmen. Für ihn steht vom Anfang bis zum Ende das Bild. Oder, besser gesagt, „stehen viele Bilder", mit denen er das ungesagte Wort symbolisch einzufangen, zu visualisieren sucht. Er hat in allen Teilen der Welt fotografiert, seine erste und bleibende Liebe gilt jedoch Israel, jenem Land, das die Kabarettisten Gerhard Bronner und der verstorbene Peter Wehle mit dem Lied besangen: „Es ist ein ganz gewöhnliches Land, aber nur fast."

Dieses „fast" ist es auch, das den Chronisten Weber in seinen Bann zieht. Die Faszination, die von Israel ausgeht, ist in jedem seiner Bilder deutlich zu verspüren, gleichgültig, ob sie von Gebäuden, Menschen oder Landschaften erzählen.

Sie vermitteln seine Eindrücke von Jerusalem, das symbolisch wie eine Krone über dem Heiligen Land thront, auf einem steinigen Gebirgszug zwischen der Wüste von Judäa und der fruchtbaren, in der Bibel besungenen Ebene von Scharon: Jeruschalajim der Juden, Hierosolyma der Christen und El Kuds der Mohammedaner.

Jerusalem war schon lange vor dem Eintreffen der Juden – Israeliten, Hebräer, wie wir ihre Vorfahren auch nennen wollen – ein heiliger Ort. Das Buch Genesis der Bibel erzählt, das der Patriarch Abraham, Vater „der Völker" des „abrahamitischen Glaubens" (um ein modernes Modewort zu zitieren), hier zusammen mit König Melchisedek von Salem, „einem Priester des Herren", Gott ein Opfer darbrachte. Aus Salem wurde das kanaanitische Jebus, Jerusalem, die Stadt Davids und Salomons, die Stätte des Ruhms, der Zerstörung und der Verheißung.

Es ist aber gleichzeitig für die christliche Welt die Stätte der Kreuzigung und Auferstehung Jesus, der Ort der Via Dolorosa und des Hügels von Golgotha. Und die Mohammedaner sehen hier, so steht es im Koran, den Ort des „Haram esh-Sharif", des „hohen Heiligtums", von dem der Prophet Mohammed in einer Nacht auf seinem Wunderpferd El Burak in den Himmel aufstieg. Sein Fußabdruck wird übrigens noch immer den Gläubigen – und Besuchern – gezeigt.

Historie, Wunder und Tradition, sie alle liegen in Jerusalem auf engstem Raum nebeneinander, warten gleichsam darauf, wiederentdeckt und womöglich enträtselt zu werden.

Sieht man vom Tempelbezirk mit seinem Felsendom und der El-Aksa-Moschee ab, ist Jerusalem, was seine Bauwerke betrifft, keine „schöne Stadt" im klassischen Sinn, wie Venedig oder Florenz. Es ist fast paradox, daß es dem Wahlwiener Teddy Kollek als Bürgermeister vorbehalten blieb, nach einem halben Jahrhundert Vernachlässigung – die Türken hatten sogar einen Teil der Stadtmauer abgerissen, um dem deutschen Kaiser Wilhelm II. die Möglichkeit zu geben, hoch zu Roß in die Stadt einzuziehen – den ersten umfassenden Versuch zu unternehmen, Jerusalem mit den Mitteln der modernen Denkmalpflege sozusagen auf Hochglanz zu bringen. Er befreite die monumentalen Stadtmauern von allen späteren Anbauten und stellte damit ein Ensemble her, das im Vergleich mit anderen ummauerten Städten durchaus bestehen kann. Allerdings war Kollek nicht überall erfolgreich: Den Wildwuchs von häßlichen Wolkenkratzern in der Neustadt, welche die Silhouette Jerusalems verschandeln, konnte er nicht verhindern.

Wie dem auch sei. Allen Bausünden zum Trotz können sich nur wenige dem einzigartigen Zauber entziehen, der von Jerusalem als Einheit ausgeht. Dabei ist die Hauptstadt Israels keine einheitliche Stadt, sondern ein Ort, der sich aus vielen „Vierteln" („Quarters") zusammensetzt. Nicht nur was die Altstadt betrifft, sondern auch die älteren traditionellen „Gegenden" der Neustadt. Über die Stadtrandsiedlungen breiten wir lieber den Mantel des Schweigens.

Da ist zum Beispiel das Unikum des vor der Jahrhundertwende errichteten Mea Shearim-Viertels (Mea Shearim bedeutet hundert Tore), eine Enklave innerhalb der Stadt, die Hochburg der Ultraorthodoxen strengster Observanz, die bis heute den Staat Israel nicht anerkennen, weil er von Menschenhand und nicht vom schmerzhaft erwarteten Messias geschaffen wurde.

Eine geschlossene Einheit ist auch noch immer das Viertel der aus Zentralasien eingewanderten Bucharen, in Auflösung begriffen sind dagegen die alten Quartiere der jemenitischen und kurdischen Juden. Und die europäische Elite wohnt weiterhin im noblen Rechavia oder Talbieh. Zuerst gaben hier jene „Jeckes", deutsche Juden, die früh genug Europa mit etwas Geld verlassen konnten, den Ton an. Heute sind es die „Angelsachsen", ob sie nun aus Kalifornien oder Australien kommen. Aber dies nur nebenbei gesagt.

Mein Freund Harry Weber ist kein Fremdenführer, aber mit traumhafter Sicherheit führt er seine Kamera zu bekannten und weniger bekannten Sehenswürdigkeiten, die nicht im Baedeker stehen.

In Jerusalem hat jeder Stein seine eigene Bedeutung, so die riesigen Quader der Klagemauer und die mit kleinen Zetteln vollgestopften Ritzen, auf denen Gläubige ihre Wünsche an den Himmel verzeichnet haben. Sozusagen im Internet zu den höheren Gewalten.

Oder der Säulenwald der Grabeskirche, jenes Labyrinth von Kapellen um das Heilige Grab, oder der Hügel von Golgotha. Steine haben in Jerusalem auch für Moslems eine überragende Bedeutung. Etwa der riesige Felsblock mit der sogenannten „Omar-Moschee" (arabisch „Kubbet es Sakhra", Felsendom). Wahrscheinlich stand auf diesem Felsen der Opferaltar des jüdischen Tempels. Einer Legende zufolge wollte Abraham hier seinen Sohn Isaak opfern.

Die historische Beweisführung tritt an diesen Orten hinter dem Glauben zurück, der sie heiligt. Und die Tradition bleibt lebendig. Wie will man sonst erklären, warum die Türken das „Goldene Tor", das zum Tempelbezirk führt, zumauerten. Weil es heißt, daß durch dieses Tor der Messias am jüngsten Tag in die Stadt einziehen wird. Vielleicht wußten sie nicht, welcher Messias es sein würde.

Die große Faszination für den Chronisten geht auch von vielen Menschen – beileibe nicht allen – in Jerusalem aus. Sie sind es, die den Fotografen immer wieder auf den Auslöser drücken lassen. Die Heilige Stadt ist nicht nur der Treffpunkt der erwähnten „abrahamitischen Religionen", sondern auch der demographischen Vielfalt: Wer zählt die Häupter, kennt die Namen?

„Drei Religionen" ist eigentlich eine Untertreibung, denn die großen Religionen präsentieren sich nicht in ihrer Einheit, sondern in ihrer Vielfalt. Allein rund 20 christliche Konfessionen sind offiziell anerkannt, von einzelnen Evangelisten und Predigern ganz zu schweigen. Wobei die „offiziellen" Kleriker schon an Hand ihres Habitus und der Physiognomie leicht zu identifizieren sind. Von den tiefschwarzen äthiopischen Mönchen in ihrem verfallenen Klosterdorf auf dem Dach der Grabeskirche über die „mediterranen" beturbanten Kopten und die Armenier mit ihren spitzen Hüten bis zu den meist bleichgesichtigen Franziskanern.

In den Gesichtern der Juden wiederum kann der aufmerksame Zeitzeuge die Verwirklichung der biblischen Prophezeiung von der „Sammlung der Verbannten" (Kibbuz Galuioth) erkennen. Soferne die zweite und dritte Generation in Israel nicht die Regel widerlegen.

Ähnlich bei den Arabern, wo traditionelle Tracht bei Männern und Frauen immer mehr aus dem Straßenbild verschwindet. Bedeutet ein kurzgeschnittener Bart eine Hinwendung zum Islamisten?

Wer will es sagen?

Mit sentimentaler Vorliebe konterfeit Harry Weber Juden und Araber, orthodoxe und moderne Israelis gemeinsam auf einem Bild. Als sei dies ein unbewußter Vorgriff auf eine Zukunft, in der ein Nebeneinander zu einem Miteinander werden könnte.

Das ist auch, wie ich glaube, die Botschaft, die aus Harry Webers Bildern spricht.

1

Die Jahrtausende alte Mauer und 50 Jahre Israel

The Age-Old Wall and 50 Years of Israel

2

Ein langes Leben
lehrt vieles.

3

A Long Life
Teaches You Much.

4

Blick durch die Stadtmauer

A Glance through the City Wall

5

Graffiti am Weg nach Mea Shearim
(ultraorthodoxes Viertel)

Graffiti on the Way to Mea Shearim
(the ultra-orthodox quarter)

6

Orthodoxer Jude
beim Studium des Talmud

Orthodox Jew
Studying the Talmud

7

Die Klagemauer (Westmauer des zerstörten jüdischen Tempels)

The Sacred Western Wall ("Wailing Wall") of the Destroyed Temple

8

Griechisch-orthodoxe
Nonne auf den Stiegen
zur Grabeskirche

Greek-Orthodox Nun
on the Stairs leading to the
Church of the Holy Sepulchre

9

Öllicht in der Grabeskirche

Oil Lamp in the Church
of the Holy Sepulchre

10

Andacht
in der
Grabeskirche

Devotional
Hour in the
Church of
the Holy
Sepulchre

11

Griechisch-orthodoxe Geistliche auf dem Dach der Grabeskirche

Greek-Orthodox Clergymen on Top of the Church of the Holy Sepulchre

12

Jüdische Pfadfinder an der Klagemauer

Jewish Boy Scouts at the Western Wall

13

Straßenhändler im Suk

Street Traders in the Sook

14

Morgens am Weg zur Grabeskirche

Early Morning: On the Way to the Church of the Holy Sepulchre

15

Jeschiwa (jüdische Talmudschule) in Mea Shearim

Yeshivah (Jewish Talmudic School) in Mea Shearim

16

Erstes Sonnenlicht
im Suk

The First Rays
of the Sun
in the Sook

17

Arabische
Kinder in der
Altstadt

Arab Children
in the Old City

18

Spielpause im Cheder (traditionelle jüdische Grundschule für Knaben vom 4. Lebensjahr an)

Time Out for Play at the Kheder (traditional Jewish Primary School for Boys, starting at Age 4)

19

Hausmauer im Moslemischen Viertel der Altstadt.
Der Hand wird unheilabwehrende Kraft zugeschrieben.

Wall of a House in the Muslim Quarter of the Old City.
The Imprint of the Hand is Supposed to Ward Off Evil.

20
Chederschule
Kheder School

Am Grab König Davids

At the Tomb of King David

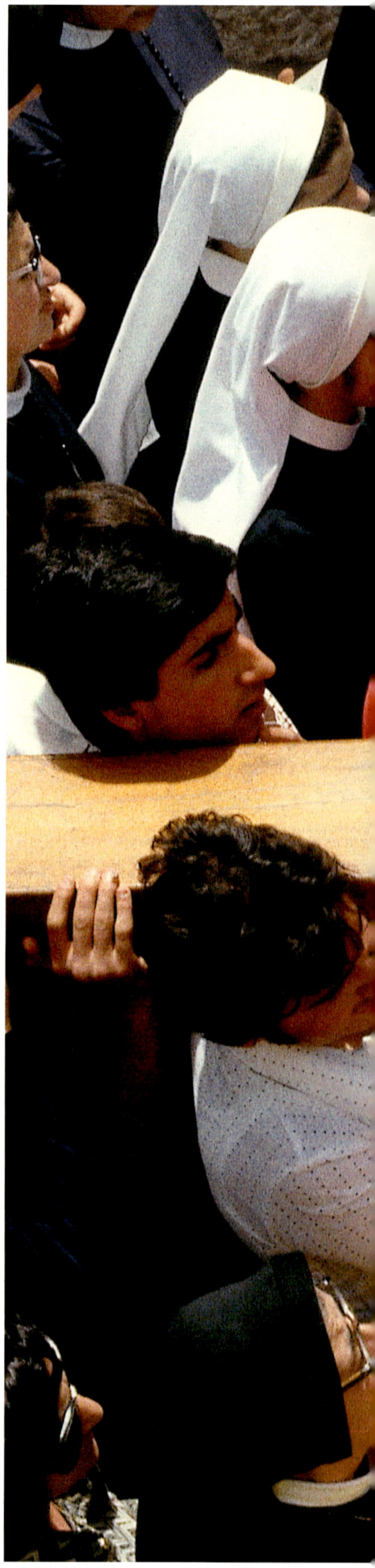

22

Die Konzentration auf das Gebet

Intense Concentration on Prayer

23
Karfreitagsprozession auf der Via Dolorosa
Good Friday Procession on the Via Dolorosa

24

Ostern in der Grabeskirche

Easter in the Church
of the Holy Sepulchre

25

Rabbiner segnet Soldat an der Klagemauer.

Rabbi blessing Soldier at the Western Wall

26

Begegnung in Westjerusalem

Encounter in West Jerusalem

27

Auf der Jaffastraße

On Jaffa Road

28
Omar-Moschee (Felsendom) in der Abenddämmerung

Mosque of Omar (Dome of the Rock) at Dusk

29
Auf der Stadtmauer

On the Walls of the City

30

In Mea Shearim

In Mea Shearim

31

Katholische Prozession durch das Löwentor am Palmsonntag

Catholic Procession through the Lions' Gate on Palm Sunday

32

Zu Ostern schlagen Äthiopier ihre Zelte auf dem Flachdach der Grabeskirche auf.

At Easter, Ethiopians are Pitching their Tents on the Flat Roof of the Church of the Holy Sepulchre

Reflexionen von Menschen in Jerusalem

Interviews übersetzt und zusammengestellt von Susanne Knaul

Achmad Abu-Laban,
Taxifahrer

Mein Zuhause ist der Ölberg. Dort lebte meine Familie schon lange, bevor die Türken ins Land kamen. Wir haben heute noch die Dokumente, die zur Zeit des Osmanischen Reiches geschrieben wurden, um unseren Landbesitz festzulegen. Meine Ahnen und Urahnen waren schon vor Hunderten von Jahren in Jerusalem. Auch meine Frau ist auf dem Ölberg zur Welt gekommen.

Natürlich liebe ich Jerusalem. Jeder Mensch liebt den Ort, wo er geboren ist. Frag einen Äthiopier, der kurz vor dem Verhungern steht: Er wird sagen, daß er Äthiopien liebt.

Ich könnte mich niemals von Jerusalem trennen. Seit ich denken kann, sehe ich das Panorama der Stadt vor meinen Augen, wenn ich am Morgen aufstehe und wenn ich abends ins Bett gehe, genau wie mein Vater und Großvater und dessen Vater und Großvater.

Pfarrer Ibrahim Azar,
Erlöserkirche, betreut die arabische protestantische Gemeinde und konzentriert sich dabei vor allem auf die Jugendarbeit

Die Atmosphäre in der Altstadt ist das schönste für mich. Sie eröffnet mir einen Zugang zur Geschichte. Im Westen Jerusalems habe ich das moderne Leben, das mich an meine Studienzeit in Deutschland erinnert. Hier die Vergangenheit und dort die Gegenwart mit Blick in die Zukunft.

Das Leben in Jerusalem ist ein Leben in zwei Welten – die des Orients, in der Altstadt, und die des Westens, in der westlichen Neustadt. Die Unterschiede der Kulturen bringen natürlich Probleme mit sich. Ein Teil der Menschen lebt mit Einschränkungen, der andere Teil in Freiheit. Das Leben in Jerusalem ist eine Herausforderung für das gemeinsame Leben zwischen Palästinensern und Israelis. In keiner anderen Stadt leben die beiden Völker so dicht beieinander.

Es macht mich sehr traurig zu sehen, daß trotz der Tatsache, daß die Mauer seit 1967 nicht mehr existiert, eine andere Mauer, die unsichtbar in den Herzen der Menschen steckt, die Stadt zweiteilt. Ich hoffe, daß sich das eines Tages ändern wird und daß die Menschen enger zueinander finden können. Große Hoffnungen habe ich allerdings nicht. Eine neue Mauer aus Stein darf es niemals geben. Es sollen nicht wieder zwei Städte in einer Stadt sein, sondern Jerusalem soll eine Stadt für beide Völker mit gleichen Rechten werden.

Jerry Barach,
Media Relations,
Hebrew University of Jerusalem

After 18 years of living in or near Jerusalem, I sometimes feel that I still have to pinch myself to believe that I am truly living in this ancient capital of the Jews, established by King David some 3.000 years ago. This feeling comes to me most often early of a misty morning, when I gaze from the hilltop on which I live towards the sun rising to the east over the skyline of the modern city. Again, the feeling comes over me at times in the late afternoons, when the setting sun turns the stone-faced buildings of the city into a golden hue, giving the city a kind of painting-like, unreal, mystical quality.

The feeling of disbelief is strongest of all when I pass by the beautifully floodlit, crenelated walls of the Old City at night. Is this really true? I wonder to myself. Can this ancient, almost-make-believe, walled Old City be real? Sometimes I fancy that it is a kind of Disneyland East that must have been created just for show. Inside those walls: the Temple Mount, the Western Wall, the Arab market with its Arabian-nights, movie-set atmosphere, the restored Jewish Quarter. Yes, its all really there, but somehow it seems hard to believe and to accept as everyday reality.

Sometimes I think that I am living in the past and the present at the same time. Can that be?

Shifra Cornfeld,
Kellnerin

Ich bin 17 Jahre alt und habe fast mein ganzes Leben lang in der Altstadt gewohnt. Wer mich besuchen will, muß durch den arabischen Markt, vorbei an der Klagemauer und dann zum Jüdischen Viertel kommen. Viele Israelis trauen sich heute nicht mehr hierher, weil sie Angst haben, von einem Araber angegriffen zu werden. Aber ich fühle mich absolut sicher. Hier ist mein Zuhause. Jeder Stein, jede Ecke ist mir vertraut.

Ich bin orthodoxe Jüdin und führe gleichzeitig ein sehr modernes Leben. Wobei es in einer rein ultraorthodoxen Umgebung nicht immer möglich ist, ein offenes und fröhliches Judentum zu praktizieren. Vor allem deshalb, weil in letzter Zeit immer mehr eher weltliche Familien aus unserem Viertel weggezogen sind. Dreimal in der Woche arbeite ich in dem Straßenkaffee „Bokers", um vor allem an Touristen Getränke und belegte „Begerle" („Sesamkringel") zu verkaufen. Das große Plus ist, daß unser Viertel die Mystiker aus aller Welt anzieht. Es kommen die seltsamsten und interessantesten Menschen hierher. Außerdem fahren so gut wie keine Autos durch die Altstadt. Die Mauer, die die Stadt umgibt, vermittelt uns das Gefühl, in einer Burg zu leben.

Mit den Arabern aus den benachbarten Vierteln habe ich keinen Kontakt, aber ich bin davon überzeugt, daß gemeinsam eine Lösung für Jerusalem gefunden werden muß. Mein Ideal ist eine Regelung nach dem Muster des Vatikans. Allerdings wären vermutlich beide Seiten nicht damit einverstanden.

33

Gesicht in Jerusalem

Face in Jerusalem

34

Am Weg zum Haram esh-Sharif (Tempelberg)

On the Way to the Haram esh-Sharif (Temple Compound)

35
Außenmauer der Omar-Moschee

External Wall of the Mosque of Omar

36

Am Weg
nach Jerusalem

On the Way
to Jerusalem

37

Mit dem Festtagsgewand unterwegs zur Klagemauer,
im Hintergrund das Jüdische Viertel vor der Renovierung

In Festive Garb on the Way to the Western Wall – in the Background the Jewish Quarter prior to Renovation

38

Schnee – ein besonderes Ereignis

Snow – A Very Special Event

39
Stiller Morgen

Quiet Morning

40
Vorhof der Grabeskirche

Entrance Court of the Church of the Holy Sepulchre

41

Im Bethaus in Mea Shearim

In a House of Prayer in Mea Shearim

42

Sukkot (Laubhüttenfest) an der Klagemauer

Sukkoth at the Western Wall

43

Fenster im „Saal des letzten Abendmahls“

Window in the “Hall of the Last Supper”

44
Am Ölberg

On the Mount of Olives

45
Verkehrsteilnehmer in Westjerusalem

That, too, is "Traffic" in West Jerusalem

46

Paar am Mahane Yehuda-Markt

Couple at the
Mahane Yehuda Market

47

Wahlkampf in Mea Shearim

Pre-Election Campaigning
in Mea Shearim

48

Geflügel-
Schächter in
Mea Shearim

Poultry Shokhet
in Mea Shearim

49

Sonnenaufgang in der Altstadt

Sunrise Over the Old City

50

Meditation an der Klagemauer

Meditating at the Western Wall

51

Arabischer
Essenverkäufer
in der Altstadt

Arab Food Vendor
in the Old City

52

Marktfrauen beim Damaskus-Tor

Women Carrying Merchandise
at the Damascus-Gate Market

53

Orthodoxer küßt
die Klagemauer.

Orthodox Jew Kissing
the Western Wall

54

Im Autobus der Linie 18

Inside a Bus on Line No. 18

55

Hauseingang in Mea Shearim

Entrance to a House in Mea Shearim

56

Bitte, nicht fotografieren!

No Photographs, Please!

57

Seit Jahrtausenden König Davids Stern

Through the Millenia: The Star of King David

58

Gespräch beim Löwentor

A Conversation at the Lions' Gate

59

Bethaus in Mea Shearim

A House of Prayer in Mea Shearim

60

Souvenirs vor dem Eingang zur Grabeskirche

Souvenirs on Sale before the Entrance to the Church of the Holy Sepulchre

61

Am Weg zur Klagemauer

On the Way to the Western Wall

62

Mauer der Grabeskirche

Wall of the Church of the Holy Sepulchre

63

Griechisch-orthodoxer Geistlicher

Member of the Greek-Orthodox Clergy

64

Jemenitischer Arbeiter

Yemenite Worker

65

Marokkanerin
im Festkleid

Moroccan Woman
in Festive Attire

66

Denkmäler der Geschichte: Blockadebrecher von 1948 auf der Straße nach Jerusalem

Historical Monument to the Fighters who Broke the Blockade on the Road to Jerusalem in 1948

Militärische Präsenz im
Moslemischen Viertel der Altstadt

Military Presence in the
Muslim Quarter of the Old City

68

Im „Stettl" von Mea Shearim

Inside the "Shtettl" of Mea Shearim

69

Hinweistafel für Besucher am Eingang nach Mea Shearim

Warning to Wear Proper Clothing at the Entrance to Mea Shearim

70

Höre Israel ... Jüdin küßt beim Zions-Tor eine Mesusa.

"Hear, O Israel!" Jewish Woman "Kissing" the Blessed Mesusa at the Zion Gate

71

Auf der Via Dolorosa

On the Via Dolorosa

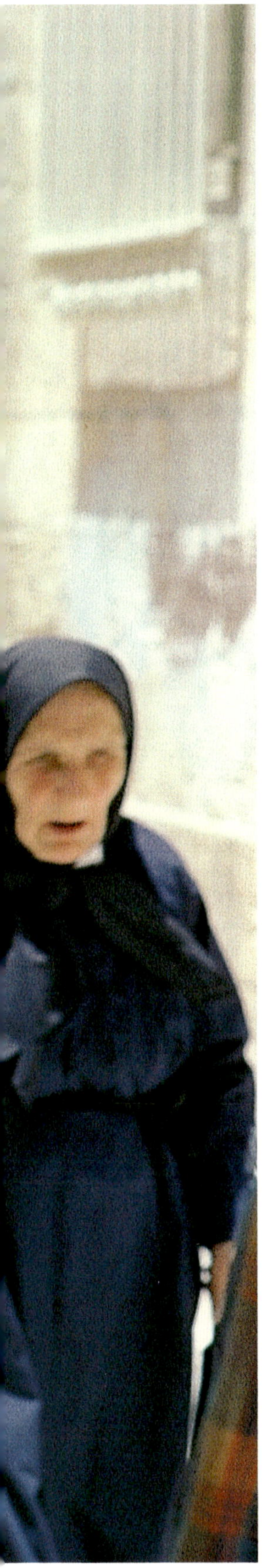

In der Altstadt

In the Old City

73

Moslemischer Friedhof im modernen Teil Jerusalems

Muslim Cemetery in the Modern Part of Jerusalem

74

Hochzeitssträuße im Christlichen Viertel

Marriage Bouquets in the Christian Quarter

75

Im Moslemischen Viertel

Inside the Muslim Quarter

76

Geschäft im neu renovierten Jüdischen Viertel

Shop in the Renovated Jewish Quarter

77

Marktecke im Moslemischen Viertel

Market Corner in the Muslim Quarter

78

Betende Frau beim Warten an der Autobushaltestelle auf der Jaffastraße

Woman Praying while waiting at the Bus Stop on Jaffa Road

79

In der Altstadt

Inside the Old City

80
Im Suk
Inside the Sook

81

Heiliger Boden in der El-Aksa-Moschee

Hallowed Ground inside the el-Aqsa Mosque

82

Karwoche in der Grabeskirche

Holy Week in the Church of the Holy Sepulchre

83
Schesch-Besch (Backgammon) am Mahane Yehuda-Markt

Shesh-Besh (Backgammon) at the Mahane Yehuda Market

84

Geldwechsler am Mahane Yehuda-Markt

Money Changer at the Mahane Yehuda Market

85

Im Zentrum von Westjerusalem

In the Center of West Jerusalem

Ron Dgani,
Chefkellner

Selbst wenn man mir anbieten würde, Hoteldirektor des King David in Eylat zu werden, würde ich nicht aus Jerusalem weggehen. Ich bin in Jerusalem geboren und will in keiner anderen Stadt auf der Welt leben. Jerusalem ist in vieler Hinsicht einmalig. Das beginnt beim Wetter, über Architektur, Geschichte und Angebote im Unterhaltungsbereich.

In Jerusalem trifft man die vielen Temperamente, die andere Städte charakterisieren. Der Kunstmarkt an der Hillel-Straße hat eine Atmosphäre, wie sie in manchen Tel Aviver Vierteln herrscht. Wer mehr das Private sucht oder Romantik, fährt nach Ein Karem, und wer „in" sein will, geht in die Moschawa Germanit. Es gibt moderne Einkaufszentren genauso wie Straßen mit Billigangeboten.

Natürlich ist es manchmal schwer, in Jerusalem zu leben. Es gibt Spannungen und Demonstrationen. Schließlich leben hier zwei Völker und drei Religionen zusammen, da kommt es bisweilen zu Auseinandersetzungen. Trotzdem sind unsere Probleme mit der Gewalt, die in vielen anderen Städten herrscht, nicht vergleichbar. Ich kann überall in der Stadt spazierengehen. Es gibt oft viel Lärm, aber praktisch passiert sehr wenig. Gewalt gibt es auf der ganzen Welt. Bei uns ist es nicht so, daß die Leute tatsächlich Angst haben, auf die Straße zu gehen. Eine Lösung für Jerusalem wird es vermutlich niemals geben. Ich glaube nicht an eine Teilung. Es wird immer ein Volk größere Zugeständnisse machen müssen als das andere. Und damit werden auch die Spannungen und der Terror andauern.

Dalia Friedmann,
Guest Relation Officer

Ich lese gerade ein Buch und habe darin einen Abschnitt von Manès Sperber entdeckt, der mir gefällt:

„Ich schreibe diese Zeilen mitten in der Stadt, deren Namen ich als Kleinkind im gestammelten Gebet täglich wiederholte, noch ehe ich den Namen meiner Familie oder meines Geburtsortes kannte. Jeruschalajim ..."

Jerusalem! Die Stadt aller Hoffnung, Sehnsucht, Verheißung und allen Trostes in 2.000 Jahren der Not und der Verfolgung seit der Zerstörung des Tempels im Jahr 70 bis zur Rückkehr ins Land Israel und immer noch ...

Evyatar Friesel,
Professor für Jüdische Geschichte
an der Hebräischen Universität
in Jerusalem

Schon als ich die Stadt das erste Mal sah, spürte ich ihren besonderen Charme und auch so etwas wie eine Herausforderung. Jerusalem lud ein zum Laufen, bei Tag, bei Nacht, immer wieder, bis man die Stadt „begriffen" hatte. Das dauerte seine Zeit. Die ersten Eindrücke, die ich zu fassen bekam, drehten sich um den offenkundigen Widerspruch zwischen dem Jerusalemer Drunter und Drüber, den mannigfaltigen Spannungen, denen die Stadt ausgesetzt war, und der inneren Ruhe, von der die Stadt zu gewissen Stunden erfüllt war. Das Besondere war nicht, daß Jerusalem mehr als ein Wesen hat – das haben viele Städte. Seine verschiedenen Gesichter sind der eigentliche Charakter. Da war die menschliche Dimension der Stadt, und da war Jerusalem überhaupt mit seiner eigenen Lebensqualität. Jerusalem schien die Anwesenheit von Menschen allenfalls zu dulden. Die Bewohner mit ihren kleinlichen Anliegen und törichten Streitereien waren gleichsam ein Anhängsel: Sie kamen und gingen. Gläubige vieler Religionen, Verkündiger vieler Wahrheiten – Jerusalem hatte sie über Jahrtausende hinweg kommen und gehen sehen. Es war, als hätte die Stadt ein Leben für sich, unabhängig von allem, was sich in ihr abspielte.

Katherine Gorman,
Studentin aus London

The City of Lights, the unique stones that shine as the sun rises and sets. Peace and tranquility before the working day begins. Jerusalem is divided by politics, World Nations, something for everyone but belonging to noone, and yet held dearly by all. Jerusalem is magical. It has an atmosphere that is intangible but can be felt deep within our hearts. Travelling toward the City, winding through the mountains as we ascend, the sights are awesome and the feelings go beyond the physical. This happens every time.

Millions of people visit Israel – Jerusalem is the city they come to "experience", and never forget, others cannot bring themselves to leave. For me it is the most beautiful place, it truly is the centre of the world. I walk through its well trodden streets and wonder, if the walls could speak, what stories they could tell us. Perhaps even pass on some wisdom. I never forget that I'm walking through thousands of years of history. The history of my people and others.

This is a spiritual city and the world knows it, one cannot fail to notice or be touched by its individuality. It is a city that changes and grows, but the very air is constant and comforting.

86

Wasserpfeifen-Verkäufer im Suk

Water-Pipe Vendor in the Sook

87
Im Suk
In the Sook

88

In der El-Aksa-Moschee

Inside the
el-Aqsa Mosque

89

Jeschiwa beim Grab König Davids

Yeshiva Near King David's Tomb

90

In den Mauerritzen der Klagemauer stecken „Kwitlach", Bittbriefe an Gott.

"Qvitlakh" are Stuck into the Cracks of the Western Wall – Notes Asking Favors of the Lord.

91
Vorbereitungen zur Osterprozession

Preparations for the Easter Procession

92
Vor der Klagemauer

In Front of the Western Wall

93

Nach dem Freitagsgebet am Heimweg vom Tempelberg

After the Friday Prayer at the Temple Compound on the Way Home

94
Im Jüdischen Viertel
der Altstadt

Inside the Jewish Quarter
of the Old City

95

Kettenstraße im Suk am Weg zur Omar-Moschee

“Street of Chains” inside the Sook on the Way to the Mosque of Omar

96

Mit einem arabischen Grabstein am Fuße des Ölbergs unterwegs

Arab Carrying a Tombstone at the Foot of the Mount of Olives

97

Die russisch-orthodoxe Kirche St. Maria Magdalena in einem Olivenhain auf dem Ölberg

The Russian-Orthodox Church St. Mary Magdalen in a Grove on the Mount of Olives

98

Jerusalem vom Friedenswald in Talpiyot gesehen

Jerusalem, viewed from the "Forest of Peace" in Talpiyot

99

Am Weg zur Grabeskirche

On the Way to the Church of the Holy Sepulchre

100

Osterprozession

Easter Procession

101

Beigels-Verkäufer
im Jüdischen Viertel
vor der Renovierung

Bagles Vendor
in the Jewish Quarter
before the Renovation

102

Im Moslemischen Viertel

Inside the Muslim Quarter

103

Griechische Pilgerinnen

Greek Pilgrims

104

Öllampen bei der Stiege zu Marias Grab

Oil Lamps at the Stairs leading to the Tomb of Virgin Mary

105

Armenischer Geistlicher

Armenian Priest

106

Auf dem Cardo
(byzanthinische Prachtstraße)

On the Cardo (Byzantine
Representative Street)

107
Sabbat in Mea Shearim
Sabbath at Mea Shearim

108
An der Klagemauer
At the Western Wall

109

Bettlerin und Mönche am Beginn
des Kreuzweges in der Via Dolorosa

Beggar and Monks at the Start of the
Road of the Cross in the Via Dolorosa

110

Mandelkuchen-Verkäufer in der Altstadt

Seller of Almond Cakes in the Old City

111

Arabisches Kaffeehaus

Arab Coffee House

112

Hof im Armenischen Viertel

Courtyard in the Armenian Quarter

113

In der El-Aksa-Moschee

Inside the el-Aqsa Mosque

114

Die Steine Jerusalems

The Stones of Jerusalem

115

Stein einer römischen Legion beim Jaffa-Tor

Stone of a Roman Legion near the Jaffa Gate

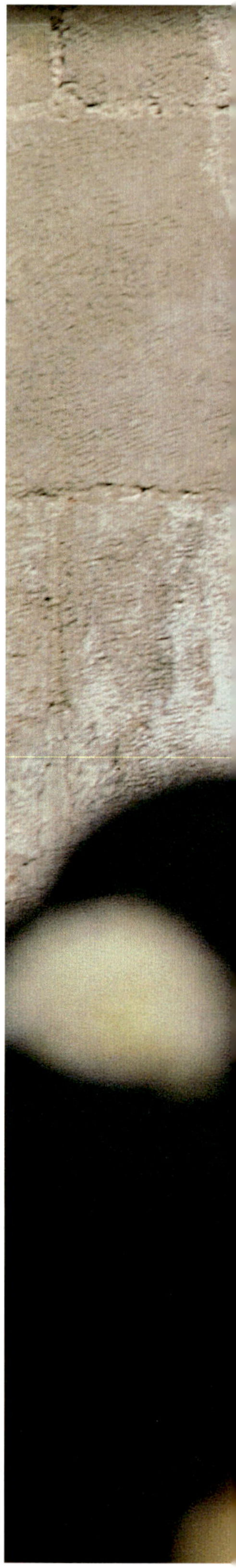

116

Ruhepause auf der Pilgerschaft vor der Grabeskirche

Pilgrims' Rest in Front of the Church of the Holy Sepulchre

117

Katholische Nonnen begegnen jordanischen Pfadfinderinnen.

Catholic Nuns Meet Jordanian Girl Scouts

118

Jüdischer Friedhof
auf dem Ölberg

Jewish Cemetery
on the Mount of Olives

119

Entzünden einer Kerze
am Grab Yitzhak Rabins

Lighting of a Candle
at the Grave
of Yitzhak Rabin

William Hadwi,
Chef-Krankenpfleger im
Auguste-Viktoria-Krankenhaus

Als 1967 die Israelis die Kontrolle über Ostjerusalem übernahmen, lebte ich mit meiner Familie in Jerusalem. Deshalb habe ich bis heute den Jerusalemer Ausweis. Wir zogen schon bald nach dem Krieg nach Beth Jalla, in die Nähe von Bethlehem, weil meine Großmutter dort ein Haus hatte. Die Miete in Jerusalem war für meinen Vater zu hoch. Seit 1988 arbeite ich im Auguste-Viktoria-Krankenhaus. Hier ist die Bezahlung fast doppelt so gut wie bei einer vergleichbaren Stelle in Beth Jalla. Die Fahrt zur Arbeit dauert zwischen 15 und 30 Minuten, je nachdem, wie lang die Schlange am israelischen Kontrollpunkt kurz nach Bethlehem ist.

Ich würde gern in Jerusalem wohnen. Die Stadt ist wunderschön – voller Leben –, anders als Bethlehem, wo man nach 20.00 Uhr keine Menschenseele mehr auf den Straßen sieht. Auch für meine Tochter wünschte ich mir, daß sie hier aufwachsen könnte. In Jerusalem gibt es bessere Schulen, und die Gesundheitsversorgung ist auch viel besser. Die hohen Mieten halten mich davon ab, hierher zu ziehen. Außerdem hat meine Frau noch keinen Jerusalemer Ausweis und darf ohne Sondergenehmigung gar nicht herkommen. Manchmal nehme ich sie trotzdem mit. Dann gehen wir in das große Einkaufszentrum oder in die Altstadt. Dabei habe ich aber immer ein ungutes Gefühl. Jederzeit könnten wir von der Polizei kontrolliert werden, die uns dann Probleme machen könnte.

Judith Hübner,
Vizebürgermeisterin der
Stadt Jerusalem

Zehn Maße Schönheit wurden der Welt
verliehen; neun davon gingen an
Jerusalem und nur eines an die ganze Welt

(Babylonischer Talmud, Traktat Kidduschin 49-2)

Man will und soll auch gar nicht Gefühle bei Schilderungen übertreiben, aber wie ist es nun, wenn die Wirklichkeit sogar „übertriebene" Schilderungen übertrifft? Dies ist gerade der Fall, wenn ich über Jerusalem – „mein Jerusalem" – schreiben soll.

Ich bin in Wien geboren, und mit meiner Einwanderung nach Kriegsausbruch im Jahre 1939 wurde Jerusalem aus einem Wunschtraum Wirklichkeit, aber keine alltägliche Wirklichkeit, wie sie die Bürger einer Stadt erleben. Jerusalem ist für mich ein sich immer wiederholendes Erlebnis. Auch für andere Menschen – Einwohner und Besucher – ist Jerusalem nicht „noch eine Stadt in Israel", sondern etwas Besonderes. Selbstverständlich liegt die Schönheit im Auge des Beschauers, und außerdem ist Jerusalem ein Objekt von Meinungsverschiedenheiten, aber gerade das macht die Stadt auch interessanter und beschreibungswürdiger.

Ich will daher mein Jerusalem beschreiben, wie ich es erlebe und empfinde und wie ich es mir für die Zukunft wünsche, zu einem Zeitpunkt, an welchem ich selbst schon im himmlischen Jerusalem weilen werde (hebräisch gesagt: „Jeruschalajim schel Maala").

Jerusalem hat auch objektive Vorteile: Es ist eine der ältesten Städte der Welt, es hat ein gemäßigtes Klima, liegt in gemäßigter Höhe (an die 800 m) und hat demzufolge auch gemäßigte Niederschläge. In Jerusalem ist es niemals und fast niemandem langweilig. Die Stadt und deren Bewohner sind so vielfältig, daß ein Mensch nicht einmal dann alles erfassen kann, wenn er hier wohnt und kein flüchtiger Besucher ist.

Man geht durch die Straßen und begegnet Juden, Mohammedanern, Armeniern, Christen verschiedener Glaubensbekenntnisse, Europäern, Orientalen, Säkularen, Priestern, Ultraorthodoxen mit Kopfbedekkungen unterschiedlichster Art, Menschen von flachsblondem bis tiefschwarzem Haar oder Menschen aus Asien – „wer kennt die Völker, nennt die Namen, die gastlich hier zusammenkamen". Auch die Kleidung ist äußerst unterschiedlich, von streng konservativ bis supermodern und in den heißen Sommertagen besonders bei jungen Mädchen und Damen äußerst „sparsam".

Aber all das Gemenge hat einen unsichtbaren Kitt: Alles ist das eine und einzige Jerusalem, die ewige Hauptstadt Israels, vor 3000 Jahren durch König David gegründet im Lande unserer Väter und seit damals das geistige Zentrum des jüdischen Volkes.

Die Stadt ist atemberaubend schön: im Frühling und Herbst grün – sattgrün, dunkelgrün, hellgrün –, die Bäume blühen weiß, rosa, lila und dunkelrot. Die Mauer, die den alten Teil der Stadt umgibt – vor über 400 Jahren von Sultan Süleiman dem Prächtigen errichtet –, ist in der untergehenden Abendsonne orangefarben und verschwindet langsam hinter den Gebirgen Moaps.

Touristen strömen zu den Ausgrabungen in der Altstadt, aber das Markanteste in ihr ist die 2000 Jahre alte Klagemauer, der weltbekannte Überrest des jüdischen Heiligtums, das die Römer zerstörten, während die Juden in die Diaspora zerstreut wurden.

Die christlichen Besucher gehen in die Grabeskirche, aber zum heiligen Tempelberg, auf dem sich die beiden bekannten Moscheen der Mohammedaner befinden – der Felsendom und die Omar-Moschee –, haben die Juden leider keinen Zutritt.

Nun fragt man: „Ist es in Jerusalem sicher?" Die Antwort ist jein. Ja und nein: Die Stadt lebt, atmet, floriert (im östlichen und im westlichen Teil), Kinder lachen und spielen, Theater und Kultstätten sind überfüllt, aber von Zeit zu Zeit gibt es leider Mordanschläge und Bombenattentate von arabischen Terroristen, die viele Opfer fordern. Die Frage ist daher immer, wie es in der Zukunft weitergehen wird? Ich glaube, in Israel weiß niemand, nicht einmal die jeweiligen Staatsmänner und allfällige mystische Hellseher (die gibt es auch!), wie und wann der so ersehnte Frieden Wirklichkeit werden wird. Dazu gibt es hier ein Bonmot: „Wer nicht an Wunder glaubt, ist kein Realist!" Ernsthaft formuliert, herrschen hier drei Begriffe vor: Hoffnung, Zuversicht und Selbstvertrauen. Es geht langsam vorwärts, die Welt versteht mehr und mehr die Standpunkte Israels und die Notwendigkeit, eine positive, für alle ausreichende Lösung zu finden. Jerusalem wird für beide hier lebenden Völker eine positive Lösung finden.

Wer kennt übrigens noch eine Stadt, die schon in der Bibel mit 675 Namen erwähnt wird?

Jerusalem, März 1998,
genau 60 Jahre nach
Hitlers Einmarsch in Wien

120

Eingang zur
Grabeskirche

Entrance to the Church
of the Holy Sepulchre

121

Wasserverkäufer am Damaskustor

Water Vendor at the Damascus Gate

122
In Yad Vashem
In Yad Vashem

123

Blick vom Ölberg über einen jüdischen Friedhof auf die Stadt

View of the City, looking from the Mount of Olives across a Jewish Cemetery

124

Orientalische Süßigkeiten im Christlichen Viertel

Oriental Sweets in the Christian Quarter

125

Verschiedene Welten - eine Stadt

One City – Yet Worlds Apart

126

Armenisches Geschäft

Armenian Shop

127

Beduinenherde
außerhalb Jerusalems

Beduin Herd
Outside Jerusalem

128

Hadschi (Mekkapilger) im Suk

Hadji (a pilgrim to Mekka) in the Sook

129

Am Zions-Platz im modernen Jerusalem

At Zion Square in Modern Jerusalem

130

Mahane Yehuda-Markt vor dem Sabbat

The Mahane Yehuda Market Before the Beginning of the Sabbath

Gemüsehändler in Mea Shearim

Greengrocer in Mea Shearim

132

Orthodoxe Juden
in der Altstadt

Orthodox Jews
in the Old City

133

Ein Kind führt
den blinden Bettler.

Child Guiding
a Blind Beggar

134

Stadt der Propheten

City of Prophets

135

Einzug der Armenier
in die Grabeskirche

Solemn Entrance of
Armenians into the Church
of the Holy Sepulchre

136

Nach Einbruch der Dunkelheit im Suk

After Dusk in the Sook

137
In Mea Shearim
In Mea Shearim

138

Freitagsgebet der Moslems am Tempelberg

Friday Prayer of the Muslims in the Temple Compound

139
Warten im Amt
Waiting in an Office

140
Vor dem Rathaus in Jerusalem
In Front of Jerusalem's City Hall

141

An der Grenze zwischen Bucharischem Viertel und Mea Shearim

At the Border between the Bukharan Quarter and Mea Shearim

142
Pita-Bäckerei in der Altstadt

Pita Bakery in the Old City

143
Lastenträger

Carrying Gasoline
for the "Competition"

144

Ostern in der Grabeskirche

Easter Inside the Church of the Holy Sepulchre

145
Vor der Grabeskirche

In Front of the Church of the Holy Sepulchre

146
Blick über die Altstadt auf den Ölberg

View of the Old City, looking towards the Mount of Olives

Erzbischof Lutfi Laham,
Griechisch-katholische Kirche

Jerusalem ist eine Stadt grenzenloser Vielfalt, eine heilige Stadt und eine Pilgerstadt für alle Christen. Zu den ortsansässigen Kirchen, wie der griechisch-orthodoxen und der griechisch-katholischen Kirche, kamen viele Pilgerkirchen aus Persien, aus Armenien und andernorts, die hier seßhaft geworden sind. Heute sind 13 Kirchengemeinden in Jerusalem zu Hause. Ich empfinde das als sehr positiv. Es bringt uns den Reichtum der verschiedenen Kirchen mit ihren jeweiligen Riten und Zeremonien. Der andere Aspekt ist, daß wir das Zusammenleben lernen müssen. Wir koordinieren unsere christliche Arbeit und lernen, Freunde zu sein, einander als Christen zu lieben und gemeinsam Zeugen für Jesus in seiner Heimat zu sein. Manchmal wird es schon ein bißchen eng, wenn die Feierlichkeiten zur gleichen Zeit stattfinden und so viele Kirchen und Traditionen zusammenkommen, die sich alle entfalten wollen. Aber Jerusalem ist die Stadt der Auferstehung, der Ort der Begegnung von Völkern und Religionen. Das ist ein Reichtum für die gesamte Menschheit. Es ist wunderschön, dies alles täglich zu erleben. Ich schaue auf die Grabeskirche, den Felsendom und die Klagemauer. Das ist ein unbeschreibliches Gefühl. Als Christen spielen wir eine Rolle in dem Konflikt zwischen Israel und den Palästinensern. Alle unsere Gemeindemitglieder in Jerusalem sind Araber. Wir stehen für sie ein. Gleichzeitig haben wir Gemeinden in Israel. Das heißt, daß wir einerseits die Rechte der Araber vertreten, andererseits Verständnis für Israel haben. Wir arbeiten für die Versöhnung und versuchen, einen Dialog zwischen beiden Seiten stattfinden zu lassen. Dazu veranstalten wir Kongresse und Versammlungen, bei denen sich Israelis und Palästinenser, darunter Scheichs und Rabbiner, begegnen. Schon lange vor dem Friedensprozeß haben wir unser Projekt „Christen für den Frieden" aufgenommen. Wir haben schlimme Zeiten erlebt, aber jetzt ist der Friede da. Sicher nicht vollständig, aber ein Anfang ist getan. Jetzt muß es weitergehen. Wir dürfen die Hoffnung niemals aufgeben.

Edna Manielevitch,
Hausfrau und in der Wohlfahrt tätig

Jerusalem ist der einzige Ort, wo ich mich zu Hause fühlen kann. Trotzdem ist es unmöglich, in Jerusalem nur zu leben. Die Stadt zwingt ihre Bewohner dazu, über sich selbst nachzudenken. Die vielen verschiedenen Gruppierungen und der große Pluralismus in der Stadt führen dazu, daß sich jeder einzelne klar definiert, um nicht darin verloren zu gehen. Die Umgebung hilft bei der Selbstdefinierung, die die Stadt von ihren Menschen fordert.

Jerusalem ist ein kosmopolitischer Mikrokosmos. Die Stadt repräsentiert Israel auf besonders zugespitzte Weise, denn sie kristallisiert die Gruppen und ist eine Art Essenz des jüdischen, christlichen und moslemischen Lebens in Israel.

Viele Leute behaupten, daß es schwer sei, in Jerusalem zu leben. Ich empfinde das nicht. So unterschiedlich ich von anderen Bewohnern der Stadt bin, sosehr fühle ich mich doch dazugehörig. Wenn ich an Jerusalem denke, steigt mir der Duft meiner Kindheit in die Nase. An unserem Gartenzaun waren ein Jasminbusch und ein Geißblatt. Beide hatten einen starken besonderen Duft. Die beiden Düfte vermischten sich und wurden dadurch noch wunderbarer. Ich wünschte, daß in Jerusalem ein Zusammenleben der verschiedenen Menschen möglich wird, die sich nicht mehr gegenseitig stören, sondern ergänzen – wie der Jasmin und das Geißblatt.

Garo Nalbandian,
armenischer Fotograf

Als Armenier bin ich ein Christ. Alle Armenier in der Welt sind Christen. Jerusalem ist der wichtigste heilige Ort für uns Christen. Hier fühlen wir uns sehr nah zu Gott. Ich bin durch die ganze Welt gereist, aber keine andere Stadt reicht an Jerusalem heran. Auch für mich als Fotografen bietet Jerusalem ein unendliches Tätigkeitsfeld. Wenn ich noch tausend Jahre lebte, würde ich es trotzdem nicht schaffen, alles, was die Stadt bietet, zu fotografieren. Es gibt viele unentdeckte Orte. Jeder Tag bringt neue Überraschungen. Vor drei Jahren ist am Rande der Altstadt ein Mosaik gefunden worden, das aus einem etwa 500 Jahre alten armenischen Kloster stammt. Die Armenier waren eigentlich schon immer in Jerusalem.

Als ich geboren wurde, gehörte die Altstadt zu Jordanien. Vorher war es Palästina, und heute gehört es zu Israel. Für die neue Regierung gelte ich nicht als Israeli, sondern als Palästinenser. Ich habe einen jordanischen Paß. Manchmal ist es mühsam, wenn die Soldaten ihre Sicherheitskontrollen unternehmen. Aber wir Armenier haben mit der Politik nichts zu tun und bekommen in der Regel keine Probleme.

Ich bin sehr glücklich in Jerusalem. Wer in Jerusalem lebt, muß sehr aufpassen, seine eigene Identität zu bewahren. Als Armenier bin ich extrem armenisch, dabei bin ich nicht sehr religiös. Wir sprechen und schreiben armenisch und achten darauf, uns nicht mit anderen Gruppen zu vermischen. Wir haben unsere eigenen Schulen und eigenen Sportklubs und unsere eigene Küche. Die armenische „Pizza" ist eine unserer Spezialitäten – Fleisch und Fladenbrot.

Insgesamt leben heute nur noch rund 2.000 Armenier in Israel und dem Westjordanland. Viele unserer Glaubensbrüder sind von hier weggegangen, weil sie in anderen Ländern leichter Geschäfte machen können. In Jordanien gibt es noch 10.000 Armenier. Obwohl wir so wenige sind, achtet die Kirche streng darauf, daß keine engen Verwandten einander heiraten. Erst in der siebenten Generation sind Ehen wieder erlaubt.

147

Bucharische Juden beim Mahane Yehuda-Markt

Bukharan Jews at the Mahane Yehuda Market

148

Jüdische Einwanderer
aus der Buchara (Usbekistan)

Jewish Immigrants
from Bukhara (Usbekistan)

149

Tanz bei marokkanischem
Mimouna-Fest

Dancing at the Moroccan
Mimouna Celebration

150

Früher Morgen
im Suk

Early Morning
in the Sook

151

Griechische Pilgerin

Greek Pilgrim

152

Rast auf dem Tempelberg

Rest in the Temple Compound

153

Fußgängerzone Ben Yehuda

Ben Yehuda Pedestrian Zone

154

Jüdische Schülergruppe

Group of Jewish Pupils

155
Im Suk
Inside the Sook

156

Morgenlicht

Morning Light

157

Am Eingang zur
El-Aksa-Moschee

Inside the Entrance
of the el-Áqsa Mosque

158
Freitagsgebet
am Tempelberg

Friday Prayer in the
Temple Compound

159
Park im Westen Jerusalems

Park in West Jerusalem

160
Die Ruhe des Hirten
Shepherd's Rest

161

Im Gebet

At Prayer

162

Nacht über der Stadt

Night Engulfs the City

163

Moslemischer Friedhof
vor dem Löwentor

Muslim Cemetery
in Front of the Lions' Gate

164

Am Eingang nach Mea Shearim

At the Entrance to Mea Shearim

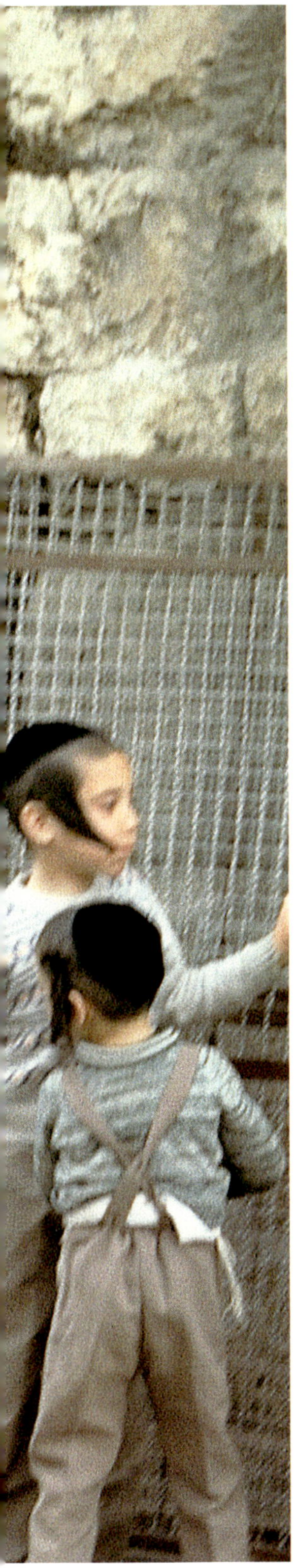

165

Bei der Klagemauer

At the Western Wall

166

Ultraorthodoxer Jude betet an der Klagemauer.

Ultra-Orthodox Jew Praying at the Western Wall

167
Palmsonntag
Palm Sunday

168

Stille Ecke unweit der Grabeskirche

Quiet Corner Near the Church of the Holy Sepulchre

169

Armenischer Geistlicher
in der Grabeskirche

Armenian Priest in the
Church of the Holy Sepulchre

170

Pontifikalamt

Pontifical Mass

171

Lastenträger
in der Altstadt

Porter in the
Old City

172

Araberinnen am Weg zum Gebet

Arab Women on their Way to Prayer

173

Gebet in der Omar-Moschee

Prayer in the Mosque of Omar

174

In der Omar-Moschee

Inside the Mosque of Omar

175

Laubhüttenfest
an der Klagemauer

Sukkoth at the
Western Wall

176

Schrein des Buches

Shrine of the Book

177

Judaica-Verkäufer
in Westjerusalem
bläst auf einem
Schofar (Widderhorn).

Seller of Judaica
in West Jerusalem
Blowing a Shofar
(ritually Used
Ram's Horn)

178

Via Dolorosa mit Ecce Homo-Bogen und Geißelungskirche

Via Dolorosa with Ecce-Homo Arch and Church of the Flagellation

179

Ostern im
Armenischen Viertel

Easter in the
Armenian Quarter

180

Vor dem Garten Gethsemane
am Fuße des Ölbergs

In Front of the Garden
Gethsemane at the Foot
of the Mount of Olives

181

Beduinin mit Ziegenherde
außerhalb Jerusalems

Beduin Woman Herding
Goats Outside Jerusalem

182

Am Weg
zum Ölberg

On the Way to the
Mount of Olives

Djihad Abu Rmieleh,
Falaffel-Verkäufer

Jerusalem ist meine Stadt. Meine gesamte Familie lebt hier und hat immer hier gelebt, soweit sich zurückdenken läßt. Aber nicht nur, weil es unser Zuhause ist, bedeutet Jerusalem soviel für mich. Schon im Koran wird über Jerusalem berichtet. Es ist die Heilige Stadt (arab.: „Al-Kuds").

Früher, in den Anfängen des Islam, haben die Moslems mit dem Gesicht nach Jerusalem gebetet. Heute beten sie nach Mekka. Trotzdem ist Jerusalem weiterhin für unsere Religion wichtig. Am Tag des Jüngsten Gerichtes werden alle Menschen in Jerusalem ihr Urteil hören.

Ich bin sehr fromm und gehe fast jeden Tag in die El-Aksa-Moschee zum Gebet. Um keinen Preis würde ich jemals in einer anderen Stadt leben wollen als in Jerusalem.

Wolfgang Schwarz,
Rektor des Österreichischen Hospiz

„Warum verbrennt der Dornbusch nicht?", fragte einst Mose in der Steppe, als er den Dornbusch brennen sah. Dieser brannte und verbrannte doch nicht. Denn Gott war im Feuer auf ihn herabgestiegen.

Gefühle über die Stadt Jerusalem werden besser mit Bildern und mit Vergleichen zum Ausdruck gebracht. Ist das nicht typisch für die Sprache der Liebe? Warum sollte es mir anders ergehen?

Daß Jerusalem brennt und wie der Dornbusch doch nicht verbrennt, führen religiöse Gegensätze, Heiliges und Unheiliges, Einheimische und Fremde, Juden und Palästinenser, Ostjerusalem und Westjerusalem, Altstadt und Neustadt, Frustration und Lebenslust, Schmerz aus der Vergangenheit und Hoffnung auf eine bessere Zukunft, Unfriede und Friede vor Augen. Alles ist in Jerusalem irgendwie angezündet: von Gott. Mit Jerusalem ist es daher wie mit der Umgebung des Dornbusches, es ist heiliger Boden. Auch wenn die verschiedenen religiösen Richtungen nicht auf einen Nenner zu bringen sind, bleibt das Heilige, das der Stadt anhaftet, der Garant, daß Jerusalem nicht zugrunde geht.

Das macht Jerusalem einzigartig und einmalig. Auch wenn ich meine, daß mich die Rastlosigkeit und die Unruhe dieser Stadt „entzünden", entdecke ich dennoch immer wieder, daß ich nicht verbrenne. Der göttliche Urbrand kennt keine Brandwunden, sondern entzündet vielmehr neue Feuer der Verzweiflung und der Hoffnung.

Wenn Jerusalem aufhört zu brennen, ist es um die Stadt und um die Welt geschehen!

Marcel Sellouk,
Friseur

Ich bin 1950 aus Frankreich eingewandert. Jerusalem war ein Name, der bei uns zu Hause schwer wog. Meine Eltern waren traditionelle Juden. Als ich bei der Alijah war, stand es für mich außer Frage, daß ich in der Hauptstadt leben würde. Ich hatte Glück – die Leute haben meine Pariser Schule anerkannt. Mein Erfolgsrezept ist heute typisch französisch: Ich liebe meinen Beruf. Die Liebe sollte uns überall leiten; bei allem, was wir tun.

Politik und Arbeit halte ich strikt auseinander. Wenn ein Minister zu mir kommt, reden wir nicht über Politik. Natürlich habe ich eine Meinung, wenn es um die Zukunft Jerusalems geht. Das Problem, für das es keine Lösung gibt, muß erst erfunden werden. Es muß ganz einfach jeder ein bißchen nachgeben, die Weltlichen und die Religiösen. Mit den Palästinensern ist es schwieriger. Geteilt werden soll die Stadt nie wieder. Jerusalem muß jüdisch bleiben.

Yitzhak Zangor,
Taxifahrer

Ich bin in Jerusalem geboren, aber das bedeutet für mich nichts. Nicht daß ich irgendwelche Probleme mit der Stadt habe. Es ist nur nicht unbedingt der Ort, den ich am meisten liebe. Man muß ein bißchen verrückt sein, um es in Jerusalem auszuhalten. Da hängt zu viel Geschichte in der Luft – und dann gibt es diese Fanatiker, die Orthodoxen und auch die Araber.

Natürlich gefällt mir die Schönheit der Stadt, vor allem die Architektur. Ich gehe fast täglich ein Stück zu Fuß durch die Stadt. Überall riecht es nach Geschichte. Ich bleibe vor den Häusern stehen, an denen ein Schild auf die wichtigen Personen, die dort einmal gewohnt haben, oder die wichtigen Ereignisse, die hier stattfanden, hinweist.

Was mich am meisten stört, ist daß die Stadt so arm ist. Das kommt, weil so viele Orthodoxe hier wohnen und viele alte Menschen. In einigen Jahren wird es hier nur noch Religiöse, Rentner und Araber geben. Wenn mir morgen jemand einen Arbeitsplatz in Tel Aviv anbieten würde, wäre ich übermorgen dort.

183

Arabische Straßenhändlerin am Damaskus-Tor

Arab Street Vendor Near the Damascus Gate

184

Alte Mauern – enge Gassen

Ancient Walls – Narrow Alleys

185

Morgens auf der
Via Dolorosa

Early Morning
on the
Via Dolorosa

186

Araberinnen nach dem Freitagsgebet

Arab Women after the Friday Prayer

187

In der Fußgängerzone Ben Yehuda

In the Ben Yehuda Pedestrian Zone

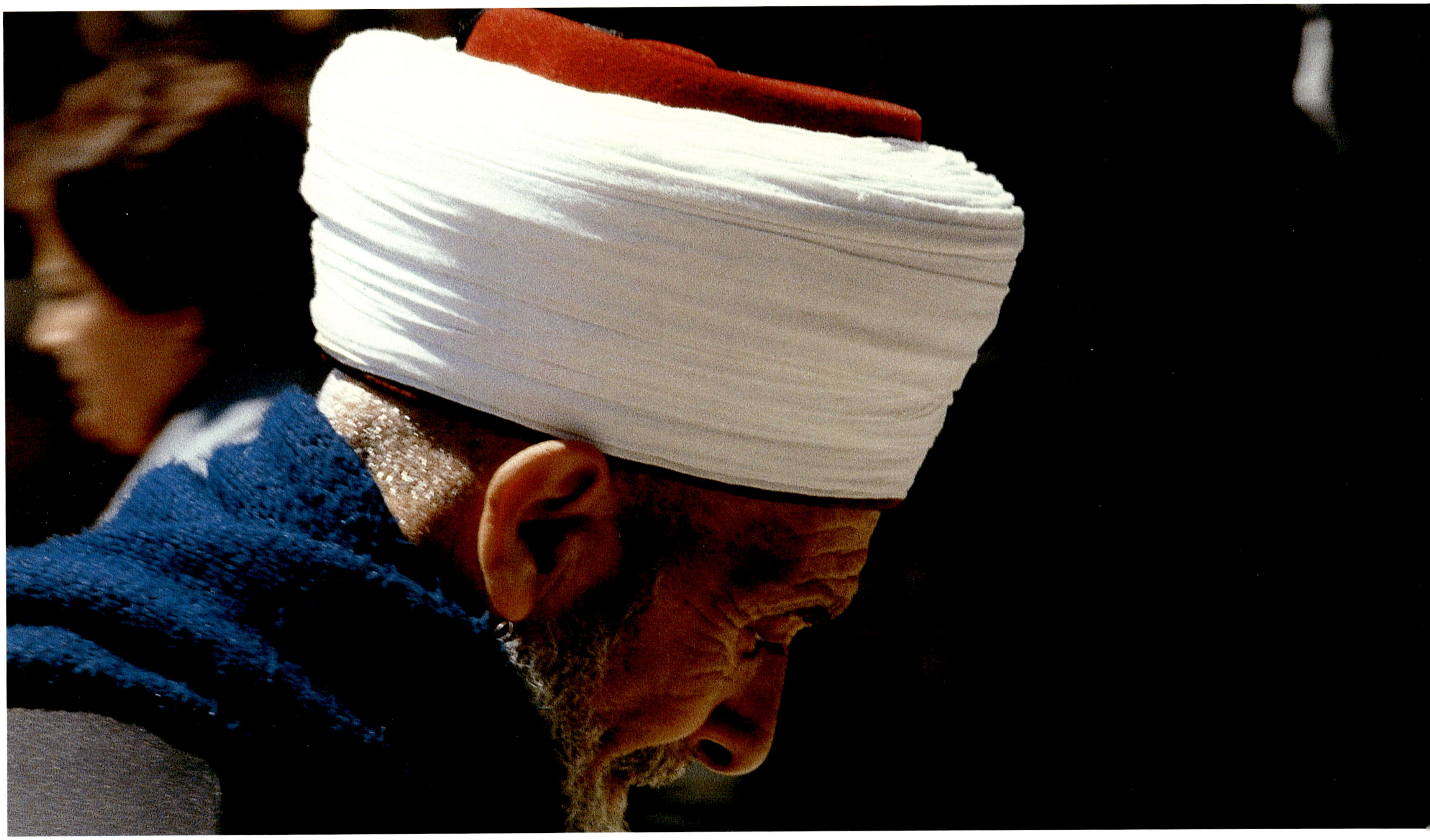

188
Hadschi
Hadji

189
Augen-Blicke
Eyes That Speak

190

Gemischtwarenhändler
in der Altstadt

"General Store"
in the Old City

191

Rauchwaren beim Jaffa-Tor

Tobacconist at the Jaffa Gate

192

Bar-Mizwa vor der Klagemauer

Bar Mizvah in Front of the Western Wall

193
Chederschule
Kheder School

194
Bar-Mizwa (Einführung des jüdischen Knaben, der das 13. Lebensjahr vollendet hat, in die jüdische Glaubensgemeinschaft)

Bar Mizvah (Initiation of Jewish boys having completed their thirteenth year into the Jewish Religious Community)

195

Griechische Pilgerin

Greek Pilgrim

196

Das andere Gesicht der Armee

The Other Face of the Army

197

Altpapiersammler
auf der Jaffastraße
im Westen Jerusalems

Waste Paper Gatherer
on Jaffa Road
in West Jerusalem

198

Lastenträger nahe der Deutschen Mission

Porter Near the German Mission

199

Wohnungen äthiopischer Priester auf dem Dach der Grabeskirche

Dwellings of Ethiopian Priests on the Roof of the Church of the Holy Sepulchre

Wäscheleine äthiopischer Priester

Laundry Line of the Ethiopian Priests

201

Äthiopischer Priester in seiner Zelle

Ethiopian Priest in his Cell

202
In der Altstadt
Inside the Old City

203

Waschtag in Mea Shearim

Laundry Day in Mea Shearim

204

Kawasse (Orientalische Polizeisoldaten) geleiten Priester am Weg zur Grabeskirche.

Cavasses (Oriental Police Soldiers) Escort Priests on Their Way to the Church of the Holy Sepulchre

205

Griechisch-orthodoxer Priester

Greek-Orthodox Priest

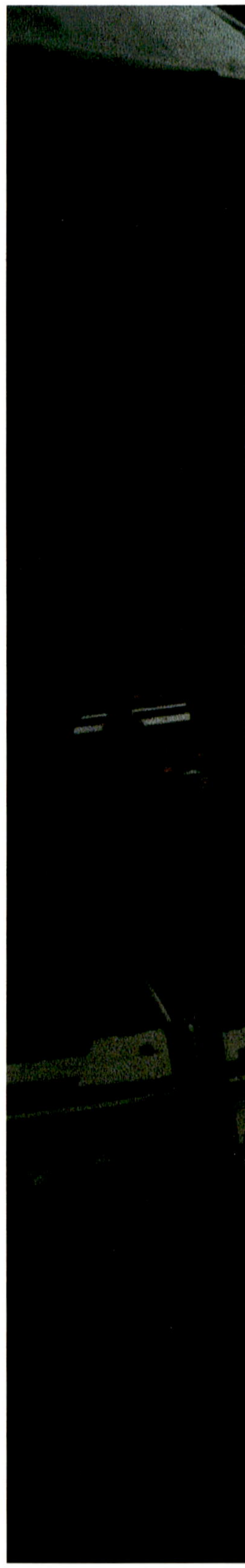

206

Grabkammer Jesu
in der Grabeskirche

Crypt of Jesus
in the Church of the
Holy Sepulchre

207

Osterfest in der Grabeskirche

Easter Celebration in the Church of the Holy Sepulchre

208

Gang durch
die Altstadt

A Stroll Through
the Old City

209

Jerusalem

Jerusalem

Harry Weber

Jerusalem

Der großen Liebe meines Lebens, der einzigen, die nie in Frage gestellt war, begegnete ich, als ich siebzehn Jahre alt war. Seither währt sie sechs Jahrzehnte, sie ist in dieser langen Zeit immer tiefer geworden, vielleicht auch schmerzlicher, stets hat sie den ganzen Menschen gefordert, aber auch den ganzen Menschen erfüllt: Jerusalem!

Als ich sie, diese meine große Liebe, zum ersten Mal schaute, war ich eben gewaltsam aus meiner Heimat gerissen worden, aus meinem Elternhaus und aus meiner Schule ... plötzlich ohne Vater, Mutter, Freunde und alles, was mir bis dahin teuer gewesen war. Kyriat Anavim, ein Kibbuz nahe Jerusalem, nahm mich auf, damals nicht viel mehr als ein schrundiger Berghang voll Steinen, denen ein paar entschlossene Männer und Frauen Leben und Fruchtbarkeit abtrotzen wollten. Sie nahmen mich auf wie ein Kind, mit Eifer und Liebe, aber trotzdem wußte ich lange nicht, ob ich ein Flüchtling war oder ein Heimkehrer.

Bis ich sie schaute ... meine große Liebe! Die Woche über im Kibbuz molk ich die Kühe und kratzte Steine aus der Erde, damit die Obstbäume im sogenannten Garten wenigstens karge Früchte trugen. Aber am Sabbat und an den Feiertagen machte ich mich auf den Weg ins zwölf Kilometer entfernte Jerusalem, zu Fuß versteht sich, und zu Fuß wieder zurück. Meine Schuhe waren schlecht, und ich hatte Blasen an den Füßen ... aber was ist das schon für eine große Liebe? Ich stieg auf die Hügel der wunderbaren Stadt und lief durch die geheimnisvollen alten Gassen – manche davon gibt es noch heute! Ich schaute und schaute und sog all diese Bilder in mich auf, denn eine Kamera besaß ich damals noch nicht.

Dann der zweite Abschied: sechs Jahre Kriegsdienst in Afrika und in Italien, danach die Rückkehr nach Wien, wo nichts mehr war wie seinerzeit in meiner Kindheit. Und dann, nach Gründung des Staates Israel, eine andere Rückkehr: Mein alter Kibbuz war noch immer ein lebendiger Haufen Steine wie früher. Aber Jerusalem, meine große Liebe, war geteilt. Mitten durch ihr Herz gingen die Mauern und der Stacheldraht und auch durch das meine.

Erst zwanzig Jahre später gehörte sie mir wieder ganz. Mir und meiner Kamera! Dieses Buch ist das Tagebuch meiner Liebe.

Mein Freund Ari Rath – ob er mich als Freund betrachtet, weiß ich nicht, aber ich sehe in ihm einen – schaute sich diese Fotos mit dem kritischen Blick des Insiders an: Er war viele Jahre lang Chefredakteur der „Jerusalem Post", der berühmten israelischen Tageszeitung in englischer Sprache, der einzigen, die die ganze Welt erreicht. „Sehr schön!" lobte er. „Aber wo sind die Bilder des modernen, des neuen Jerusalem?"

Ja wo? Nicht in diesem Buch!

Keine Bilder vom großen Spital mit dem herrlichen Chagallbild, keines von der Knesseth, nichts von den modernen Wohnsiedlungen im Norden und Westen, vom Wiederaufbau der zerstörten alten Häuser gegenüber der Klagemauer. Aber das ist kein Zufall, kein Versehen, auch kein Versäumnis, hoffe ich, daß diese Bilder fehlen. Solche Ansichten, solche Architektur, solche Viertel, solche Gebäude gibt es auch in anderen Städten der Welt. Vielleicht sind manche hier schöner, vielleicht auch intelligenter. Aber etwas „Besonderes" sind sie nicht.

Das andere, das ich mit meiner Kamera festzuhalten versuchte – das ist das „Besondere". Das, was es nur in dieser Stadt gibt. Wenn ich freilich erklären sollte, was ist das „Besondere" ... Ich bin kein Schriftsteller, nicht einmal ein Schreiber, darum finde ich keine Worte dafür ...

... darum mußte ich es fotografieren.

Zur Person Harry Weber

1921	geboren in Klosterneuburg in eine bürgerliche jüdische Familie
1921-1928	Kindheit in Wien (1. Bezirk)
1928-1937	Volksschule und Gymnasium
1937-1938	Schneiderakademie mit Abschluß Gesellenprüfung
1938	Nach „Anschluß" an „Hitler-Deutschland" sofortige Verhaftung meines Vaters und seine Einweisung ins KZ
1938, Sept.	Auswanderung nach Palästina im Rahmen der Jugend-Alijah unter Zurücklassung meiner Mutter
1938–1940	Kibbuz Kyriath Anavim (12 Kilometer vor Jerusalem), Arbeit in der Landwirtschaft (Kuhstall). An freien Tagen Ausflüge nach Jerusalem, schon damals von der Stadt fasziniert
1940–1946	Freiwilliger Eintritt in die britische Armee. Später wurde aus der „Jewish Brigade" eine eigene jüdische Truppe. Kämpfe in Nordafrika und Italien
1945	Während der Stationierung in Tarvisio Nachricht vom Überleben meines Vaters nach sieben Jahren KZ
1946	Treffen mit meinem Vater in Salzburg in einem DP-Lager im Stollen vom Mönchsberg. Gewißheit über die Deportation und Ermordung meiner Mutter in Minsk im Jahre 1942. Ausmusterung von der Armee in Palästina und auf Wunsch meines Vaters Rückkehr nach Wien. Mißlungener Versuch des Vaters, mich zum Kaufmann auszubilden
Ende 1946	Wieder in Salzburg. Arbeit beim American Joint Distribution Committee (Organisation zur Unterstützung der Juden)
1947	Kennenlernen meiner späteren Frau Marianne, die als Fotolaborantin bei einer Salzburger Fotografin beschäftigt war
1952–1984	Heirat und Übersiedlung mit meiner Frau nach Wien. Mit Unterstützung meiner Frau Versuch einer Bewerbung bei verschiedenen Illustrierten als Fotograf, da ich plötzlich meine Liebe zur Fotografie entdeckt habe. Beginn als freier Mitarbeiter bei der österreichischen Ausgabe des „Stern". Später Anstellung. Für den „Stern" insgesamt fünf Weltreisen unternommen. Cheffotograf beim Verlag Gruner und Jahr („Stern", „Schöner Wohnen", „Brigitte", „Eltern"). Nebenbei Tätigkeit als Theaterfotograf bei den Salzburger Festspielen, im Theater in der Josefstadt und bei der Zeitschrift „Die Bühne"
Ende 1984	Beginn der künstlerischen fotografischen Tätigkeit

Bildbände:

1984	„Wien – Gesichter einer Stadt"
1986	„Wiener Philharmoniker" zusammen mit Margit Münster
1987	„Fest in Hellbrunn" ebenfalls in Zusammenarbeit mit Margit Münster
1990	„Salzburg im Licht"
1992	„Wien bei Nacht"

Ausstellungen:

1994	„Die Anderen", Historisches Museum der Stadt Wien
1996	„Heute in Wien", Jüdisches Museum der Stadt Wien Präsentation dieser Ausstellung in deutschen Städten sowie in London, Belfast, Washington (Capitol Hill), Jerusalem, Chicago, Los Angeles und Toronto
1997	„Fotografie Harry Weber", Rupertinum Salzburg

Ehrungen:

1991	Goldenes Verdienstzeichen des Landes Salzburg und Goldenes Verdienstzeichen der Republik Österreich
1994	Dr.-Karl-Renner-Preis für Publizistik
1996	Beginn der Arbeit an der Ausstellung „Jerusalem", fotografiert bei sehr vielen Besuchen in den letzten 50 Jahren in der geliebten Stadt